TENDRESSES

DES

COMPAGNIES DE CHEMIN DE FER

PLAINTES DES VICTIMES

PAR

UN VOYAGEUR

EN POLICE CORRECTIONNELLE

A. ROCHE

à Châtillon-sur-Indre

1892

Jules Pequignot Fils, Nantes.

TENDRESSES

DES

COMPAGNIES de CHEMIN de FER

PLAINTES DES VICTIMES

PAR

UN VOYAGEUR

EN POLICE CORRECTIONNELLE

A. ROCHE

à Châtillon-sur-Indre

—

1892

TENDRESSES DES COMPAGNIES

Depuis trente années que nous circulons sur leurs lignes, les Compagnies de chemins de fer, auxquelles nous avons fourni personnellement pas mal d'argent, nous avaient, il nous semblait, suffisamment secoués, moulus, éreintés et roulés. — *Roulés* surtout, — dans leurs affreuses et exécrables guimbardes de 3ᵉ classe, qu'elles ont la bienveillante sollicitude de mettre à la disposition de leurs « chers voyageurs », pour penser que notre long supplice s'arrêterait-là !

Quelle erreur ?

La Compagnie d'Orléans, par un raffinement d'exquise délicatesse, a réfléchi qu'un client aussi fidèle — bien malgré lui — ne pouvait terminer sa longue et pénible carrière de voyageur, sans lui offrir, avant de prendre sa retraite, les honneurs d'une présentation toute spéciale.

C'est ce qu'elle fit, en effet, le 6 janvier 1891, jour où nous reçûmes (sur papier timbré, s. v. p.), une très pressante invitation d'avoir à nous rendre, afin d'y passer la journée, au Palais de la Cour..... d'Appel, dans les salons réservés aux habitués de la police correctionnelle de Poitiers.

Poussant la mansuétude jusque dans ses extrêmes limites, elle réclamait de nous un souvenir, qui nous révèle tout le prix qu'elle attachait à se rappeler nos longues et *agréables* relations : *L'affichaye de notre nom dans une cinquantaine de gares de son immense réseau !*

Cette attention, dont la pensée touchante n'échappera à personne, lui donne droit à notre vive reconnaissance.

Nous lui demanderons à notre tour, en échange de si excellents procédés, la permission d'exprimer quelques idées et d'exposer différentes observations sur la régularité du service, le confortable du matériel, l'aménité du personnel, sur l'efficacité de la protection du contrôle exercé par l'Etat et sur les procédés employés par les Compagnies en général.

A cet effet, nous nous proposons de mettre, vers la fin de l'année, un petit ouvrage à la disposition du public.

Ce petit recueil, inspiré par trente années de malaise, de tracasseries stupides, de chinoiseries ridicules, supportées, non pas sans plaintes, mais sans qu'aucune amélioration sérieuse soit venue mettre un terme à nos ennuis.

Nous ne prétendons point frapper à coups de massue ; ce n'est qu'à tous petits coups que nous engagerons le combat, contre ces énormes et trop puissants colosses qu'on appelle « Grandes Compagnies ».

Matériel

Nous nous permettrons, pour commencer, d'exprimer notre pensée à l'égard du matériel : de ces vieilles et hideuses voitures de 3ᵉ classe dont la mise en service, on en conviendra, ne répond plus aux besoins de l'époque.

Nous demanderons, respectueusement, aux « Princesses » du trafic, s'il est permis de trimballer la race humaine d'une Nation civilisée comme la nôtre, dans de pareilles brouettes ?

Nous examinerons avec quel soin les Compagnies entassent leur clientèle dans ces ignobles roulottes, trop basses, trop étroites, dont les marche-pieds semblent défendre l'entrée plutôt que la protéger et qui roulent cahin-caha depuis 1837.

Ce vieux et ridicule modèle de charrettes, mal suspendues, mal éclairées par des vitres larges comme la main, reliées entre-elles par des moyens d'attaches usés, sassant d'une façon insupportable leurs malheureux occupants qui doivent, sans qu'il soit en leur pouvoir de s'y soustraire, subir ce mode de transport inhumain. Elles sont garnies de banquettes moëlleusement rembourrées en noyaux de pêches, en attendant qu'un chef d'exploitation ingénieux, dans le but de favoriser un débouché plus actif aux secondes et premières classes, ait l'idée d'y placer des pointes.

Et la lumière ? elle y est, pendant la nuit, distribuée avec une parcimonie aussi triste que peu rassurante ! Pas même à l'intérieur un innocent crochet, une grossière patère où le voyageur pourrait se débarrasser de son chapeau ou de sa valise.

Estimez-vous heureux si, après une journée brûlante d'été, on ne vous oblige pas à pénétrer de force dans ces *admirables voitures de gala* restées en pleine voie, hermétiquemeut fermées, exposées depuis le matin aux rayons ardents du soleil, et se trouvant ainsi transformées en véritables fournaises.

Le cas n'ayant pas, jusqu'à ce jour, été prévu par les réglements, on attendra sans doute, pour le modifier, que quelques uns d'entre nous soient retirés de ces fours à l'état de pomme cuite.

Ne comptez pas sur des stores aux portières, petits rideaux peu coûteux et si utiles, pour préserver le voyageur en cours de route. Comptez, au contraire, qu'on ne manquera pas, en y introduisant des animaux, d'assimiler à des chenils les voitures de cette classe

Les troisièmes ? allons donc ! Ah ! Messieurs les Agents du contrôle, Ingénieurs des Mines et des Ponts, Journalistes, Agents de publicité, Députés, Sénateurs, Ministres, etc..., de grâce voyagez, quelque fois comme nous en troisième classe.

Vous ferez œuvre d'humanité et enrichirez votre expérience. — Payez votre place et goutez un peu du plat servi à la clientèle ordinaire et payante (qui se compose de 85 % du nombre total de voyageurs), et vous jugerez si une pareille cuisine ne demande pas le remplacement immédiat de ceux qui occupent les fourneaux.

Correspondance des trains

Quant à la correspondance des trains, elle a lieu de suite ; si le train qui vous amène au point de jonction arrive à temps, ou si celui en partance ne vous oblige pas à rester trois ou quatre heures à attendre, souvent en pleine nuit (même sur des lignes à grand trafic ou passent devant votre nez une demi-douzaine de trains interdits aux voyageurs de 3e classe), dans une gare où, l'hiver, on a négligé de chauffer ou d'éclairer.

On envie, dans ces moments de légitime et cruelle impatience, le sort modeste de ceux qui possèdent, — les veinards, — un simple baudet; leur monture augmente leurs chances d'arriver à l'heure, et diminue sensiblement les risques d'accidents.

Ceux-là évitent du moins, aux parents qui attendent leur retour, la déception de recevoir dans leur bras un être noir comme un Arbi et barbouillé comme un ramoneur, par la fumée âcre de ces puantes briquettes goudronnées.

Nous ferons connaître également comment se pratique le jeu de l'aléa, en matière de sécurité, avec :

Les économies de charbon ;

Les primes de grandes et petites réparations ;

Les minutes à gagner, etc ;

avec lesquels on joue, disons-nous, l'aléa d'un accident possible mais peu probable, contre l'économie de certaines dépenses.

Régularité

C'est pour la même raison que sur dix trains, à certains moments de l'année, il n'est pas rare que huit arrivent après l'heure fixée par la marche... *homologuée* par le Ministre.

Les réglements homologués ont pourtant force de loi, — c'est du moins ce que s'empressent de prétendre les Compagnies lorsqu'elles poursuivent leurs clients en police correctionnelle, — et nous le comprenons sans peine. Mais il faut reconnaître que s'il en est ainsi lorsque les Compagnies les invoquent, ils doivent l'être également lorsqu'elles les violent. Or, un retard non justifié par un accident fortuit ou les intempéries, constitue une contravention prévue et punie (art. 21 de la loi du 15 juillet 1845).

Aussi bien, les Compagnies sont tenues à ces justifications des retards.

Comment se fait-il qu'elles ne soient jamais poursuivies ? il en est un grand nombre cependant absolument imputable à la faute des Compagnies ou à leurs agents, et non point à la *force majeure.*

Que fait donc le contrôle ?

Il se prélasse mollement sur les luxueuses banquettes administratives, et, en bon père, gâte en les excusant, des enfants terribles que la faiblesse des parents a rendus détestables à tous en dehors de la famille.

Des contraventions fréquentes, des procès-verbaux aux Compagnies, avec affichage dans les gares, apporteraient, nous en sommes convaincus, une bienfaisante amélioration dans la marche des trains.

Ah ! les Compagnies auraient grand tort de se gêner, puis qu'elles ne courent aucun risque ! Elles continueront ce préjudiciable manège économique... pour elles, sans se préoccuper des intérêts de ceux qu'elles ont le devoir de conduire à l'heure exacte à leur destination.

Pour remédier à cet inconvénient de tous les jours et leur mettre la « puce à l'oreille », il suffirait d'obtenir des pouvoirs publics, — et cela serait juste, — l'établissement d'une **taxe des retards,** dont l'application pourrait se modeler sur les indemnités qu'exigent les Compagnies des destinataires négligents, comme frais de magasinage, et dont le paiement s'effectue sans douleurs... et sans frais.

Chaque voyageur descendant d'un train en retard, sur le vu de son billet, aurait droit à une indemnité de 5 à 10 centimes par minute, sans qu'il soit besoin de justifier du préjudice causé, payable à vue, sous peine de voir doubler le coût de l'indemnité.

Bagages

Ne devrait-il pas en être de même pour les retards apportés dans la délivrance des bagages ? Ne sait on pas de quels soins on entoure nos malles, nos valises, nos cartons, ces derniers surtout vous sont souvent présentés à l'arrivée, sous forme de soufflet ou d'accordéon.

Et quelle rapidité pour les délivrer ?

Peut-on accuser les malheureux employés ? Là où deux seulement sont chargés du service quand dix ne suffiraient pas à accomplir la besogne imposée. Ces pauvres diables, forcés de se multiplier, s'éreintent sous la charge d'un service écrasant pour éviter une mise à la porte en règle et sans merci.

Ces prévoyantes Compagnies ont recours à tous les moyens économiques afin d'augmenter les dividentes de leurs intéressants actionnaires, et les gratifications de MM. les directeurs, qu'on élève à des centaines de mille francs. Pendant ce temps, on supprime chaque jour les petits employés dans les gares, et l'habilité des gros mandataires des Compagnies ne peut suppléer à la pénurie du bas personnel dans le mouvement des colis et les menus détails du service.

Ces procédés charmants pour les actionnaires, M. les Directeurs, et autres **grosses légumes** cessent de l'être pour ceux qui payent et ont le droit de réclamer le service qui leur est dû en échange de l'argent dépensé.

Trains

Parmi les réformes qui s'imposent, citons celle qui consisterait à mettre les voyages rapides à la portée de tout le monde. Tous les trains sans exception comporteraient des voitures de toutes classes. Si les frais de traction, nécessitent aux Compagnies un supplément de dépenses, qu'elles réclament 5 % en plus pour les **Directs,** 10 % pour les **Express** 15 % pour les **Rapides** ; Rien de plus juste. Mais condamner les gens qui circulent pour leurs affaires, les commerçants pour leurs placements ou leurs achats, les ouvriers à la recherche du travail et tant d'autres à voyager par trains lents, ou à prendre des premières classes, c'est allonger dans notre main la carte forcée afin d'alimenter les places de luxe.

Le temps nous parait au moins aussi digne de conservation pour ceux-là, que pour un monsieur désœuvré, à la recherche des plages, des sites montagneux ou attiré par l'engageante roulette de Monte-carlo !

Les Compagnies ne veulent point voir que la rapidité a été le principal facteur auquel est dû le développement de la circulation.

Le prix des places en chemin de fer n'est pas sensiblement inférieur encore, à celui des diligences d'autrefois, et cependant le nombre des voyageurs à centuplé.

Ce n'est donc qu'à la rapidité qu'il faut attribuer cet immense développement.

Le temps manque aux Compagnies pour étudier d'aussi importantes questions. (?)

Homologations

C'est un réglement de cette nature, apportant des modifications indispensables qu'il faudrait homologuer. — Pas du tout !

Jugez plutôt ! Lorsqu'un ministre, le « *vieux petit employé* », qui sapa si fort la Préfecture de police qu'elle en failli crouler, républicain, se disant radical, socialiste, et même, — ô candeur ! — démocrate à tout rompre ; dont tout le monde attendait les réformes *radicales*. Lorsque, disons-nous, M. le ministre Yves Guyot, le grand réformateur, ce commis-voyageur en inaugurations, — un collègue, — consent à homologuer un règlement exigeant des conditions de voyage dans le genre de celle-ci, relevée dans l'*Indicateur Chaix*, page 47, et sur les affiches horaires des trains :

Dans les stations visées :

« Les voyageurs sont tenus de donner leur con-
« cours à l'agent de la Compagnie pour le charge-
« ment et déchargement de leurs bagages. »

Quel innovateur que M. le Ministre Guyot ? ainsi de par sa volonté ; voilà la nation entière transformée, par un coup de plume, de M. Yves, en équipe universelle, en hommes de peine, de cette malheureuse Compagnie d'Orléans, qui ne peut plus compter à ses actionnaires *ruinés*, que 11 1/2 % d'intérêts sur le prix d'émission, et qui se voit dans la dure nécessité, d'obliger, *la loi en main*, ses dociles voyageurs et voyageuses, — ce qu'on est gracieux pour les dames ? — à *donner* gratuitement le concours de leurs biceps à MM. les agents des gares.

On croit rêver ?

A quand l'obligation de pousser aux roues, de veiller au graissage ? Nous faudra-t-il un jour cirer les bottes du facteur chef et procéder au nettoyage des vespasiennes ?

Quel malheur que M. Guyot n'ait plus même à prendre le train pour inaugurer son départ du Ministère ; que de merveilleuses surprises de ce genre, nous étaient réservées ; que de bontés pouvaient éclore au profit des voyageurs protégés par l'imagination d'un aussi peu rébarbatif censeur.

De grâce, que M. Guyot ne revienne plus. Les Ingénieurs se laissent faire la barbe par les Compagnies, les publicistes de sa trempe, finiraient par se la laisser arracher tout à fait.

Indicateurs

Le plus joli galimatias le plus adorablement compliqué des oracles, combiné, agencé, de façon à ce que personne ne puisse se reconnaître dans mille renvois inextricables.

Pourrait-on nous mettre en rapport avec un élève de dernière année de polytechnique qui puisse nous assurer de tracer, à l'aide de cet indéchiffrable document, un itinéraire avec la certitude de suivre la ligne la plus directe et la plus économique, pour un voyage même légèrement détourné ?

Nous demandons que les examinateurs accordent à cet introuvable génie, 20 points aux examens définitifs.

Les agents n'y comprennent souvent pas davantage (ne

connaissant que leurs Compagnies respectives) combinent le voyage réclamé, de façon à nous conserver le plus possible sur leurs rails, en nous détournant au profit de celle-ci, au risque de nous obliger, à un supplément de dépenses et à une perte de temps inutile.

Quel est le recours des voyageurs en cas de fausses indications ?

Payer, maudire, et se taire !

Revendications

Nous indiquerons les moyens les plus simples pour réclamer et obtenir les indemnités de toutes natures dues en cas de retard, changement de service, correspondances manquées, négligence du personnel, perte, avaries ou retards des colis, blessures, incommodités, etc... ;

Ceux, aussi, de ramener à des sentiments plus exacts de leurs devoirs les Compagnies et leurs agents qui seraient tentés de s'en écarter ;

Le tout sans colère, sans discussions à perte de vue ; avec les armes suffisamment bien trempées que fournit la loi pour tenir tête, et sans faiblesse, à « Messieurs du Chemin de fer ».

Ce petit recueil pratique — l'alphabet des voyageurs — sera établi par **Doit** et **Avoir** ou pour mieux dire :

Obligations des Compagnies envers les voyageurs.

Obligations des voyageurs envers les Compagnies.

Un abrégé des lois, ordonnances, circulaires ministérielles, limitées aux cas les plus fréquents, permettra aux voyageurs après quelques minutes d'attention, de posséder les connaissances suffisantes de ses droits, aussi bien qu'un grand nombre de chefs de gares, souvent plus prétentieux qu'instruits sur les détails de leurs services et auxquels il est d'autant plus agréable de tenir tête.

L'exemple vient d'en haut : et les zélés serviteurs du bas de l'échelle inspirés par le sommet de leurs Compagnies, dont certaine ne recule pas devant la nécessité prudente d'invoquer la prescription pour se soustraire et fuir les responsabilités, entourent de formalités les plus biscornues, les restitutions en détaxes de sommes indûment perçues, ne sauraient mieux remplir leurs devoirs qu'en suivant la même ligne de résistance si scientifiquement tracée.

Dira-t-on aussi qu'en refusant à la *Cour des Comptes* la justification détaillée des dépenses et des recettes, soit en matière de subventions à recevoir de l'Etat, ou de garanties d'intérêts ; — ainsi que le relate le rapport de M. Baïhaut, député, rapporteur du budget des travaux publics, [1] — elles ne fournissent pas un déplorable exemple.

Et comment, nous, simples mortels de la dernière classe pouvons nous espérer obtenir notre droit contre des Compagnies qui résistent si carrément à leur maître, à leur

1. Procès-verbal de la Chambre des députés, 18 juillet 1891, qui dit clairement que malgré les réclamations les plus pressantes, la Cour des Comptes et la Chambre ne peuvent obtenir des Compaguies que des chiffres en bloc. « Ainsi pendant les années 1847 à 1887 sur environ « 563 millions, 300 représentant des versements en nature ont échappé « d'une façon absolue au contrôle de la *Cour des comptes*, de plus, sur « 90 millions de fonds de concours dus par la Cie de X... aux termes « de la convention du 5 juin 1883, 22 millions auraient été versés à la fin « de 1888, et cependant aucune somme ne figure en recettes dans les « comptes du trésor. »

surveillant né, à leur bailleur de fonds, à leur associé chargé de combler les déficits, l'Etat !

Quelle volonté surhumaine et magique peut donc bien placer ces Compagnies, par dessus les lois, auxquelles tous les autres citoyens doivent se soumettre ?

Ah ! s'il s'agissait d'un malheureux diable poussé par la faim, ou d'un imprudent pêcheur d'écrevisses, comme gendarmes, huissiers, procureurs sauraient montrer la vigilance de leur zéle et se placer à la hauteur de leur mission austére.

On dit : « les Compagnies sont si puissantes ? »

Ah ! ça mais... à quoi bon si, après avoir secoué les privilèges par trois révolutions, nous devons un siècle après la plus sanglante, subir, sans ménagement, si l'on sort de chez soi, les mesures les plus vexatoires, les plus irritantes, les plus arbitraires, et voir, un service public, institué pour les besoins du public, autorisé de par sa toute puissance, à n'être arrêté par d'autre frein que sa propre volonté, son bon plaisir ou son intérêt, et vous imposer ses conditions, vous jalonner votre bien-être, suivant son gré, son humeur, sans autre responsabilité que celle d'encaisser votre argent ?

Cet état de choses peut-il durer longtemps dans un pays ou nul ne peut prétendre se placer au dessus du bon sens, de la raison et des réglements, ce pays qui est par excellence, le pays d'équité et d'égalité pour tous ?

Arrivera-t-on jamais à un contrôle sérieusement exercé? Nous examinerons cette question importante des garanties publiques.

Si encore les Compagnies exploitaient une industrie

libre, vivant dans son propre domaine ; l'Etat n'aurait sur elle qu'une autorité secondaire. Mais il n'en est pas ainsi avec des Compagnies concessionnaires de l'Etat, exploitant le domaine public, tirant le plus grand profit d'un monopole toujours excessif, sous un régime de liberté, pour l'exploitation de l'industrie la plus indispensable à l'activité nationale et dont le public est nécessairement tributaire.

Les pouvoirs publics sont pourtant suffisamment armés par la loi pour rappeler les Compagnies à la raison et à l'observation des règlements à la soumission aux lois.

Contrôle de l'Etat

Tel qu'il est pratiqué aujourd'hui, après la découverte des chemins de fer le contrôle reste certes, la plus belle invention des temps modernes.

Nous exposerons la situation faite aux Commissaires de surveillance administrative dont l'autorité reste sans prestige et sans influence, mal rétribués, dont tous les rapports sont adressés à leurs chefs hiérarchiques, les Ingénieurs des mines et des ponts et chaussées, auxquels on reproche de se rappeler trop souvent leur ancienne camaraderie avec leurs collègues des Compagnies. Et lesquels entre deux congés passent de fonctionnaires de l'Etat, au service des Compagnies !

La modification qui s'impose est le retour pur et simple aux dispositions de l'ordonnance du 15 novembre 1846. (art. 51 et 57.)

La surveillance attribuée aux commissaires (Royaux),

nationaux qu'on pourrait avoir la chance de rencontrer à l'heure du passage des trains et les placer sous la direction immédiate du ministre de l'Intérieur et en correspondance directe avec les Chefs des parquets ; intéresser ces Commissaires dans le produit des amendes et attribuer des gratifications spéciales à ceux dont la section sera considérée comme modèle d'exactitude et la plus exempte de plaintes ; enfin leur adjoindre des inspecteurs ambulants et secrets.

Nous fournirons aux voyageurs quelques exemples de rédaction des plaintes à porter sur les livres de réclamations. Les plaintes sont souvent fort utiles, surtout si elles se multiplient.

Nous donnerons notre opinion sur les Buffets, les bazars des gares ; services d'omnibus correspondants des Compagnies, bibliothèques, bureaux de tabac, sur les pourboires aux facteurs-porteurs de colis, fourgonniers ; sur les interprêtes, surveillants, contrôleurs de route, pisteurs de buffets, cochers de correspondants etc. Nous aurons un mot aimable pour tous. — Avec mention spéciale pour le ton si charmant et si courtois de MM. les Contrôleurs de route du Midi. — Nous n'oublierons pas non plus les closets payants, lavabos, oreillers, couvertures, bascules, distributeurs automatiques et autres menus-profits des Compagnies, auprès desquelles, les ouvreuses de loges des théatres avec leurs petits bancs, bonbons, bouquets, jumelles, restent en retard d'un siècle dans l'art de tirer la menue-monnaie des spectateurs.

Nous laisserons à d'autres les grands côtés de la question, déjà traitée sous tant de formes économiques, juridiques et scientifiques, pour nous tenir dans le rôle plus modeste de « colis humain » plaintif et mal chargé.

Celui qui intéresse et qui touche le plus grand nombre, et d'autant plus mal mené qu'il est moins redoutable.

En opposant une résolution énergique à cette tyrannie; il n'est pas possible que dans un pays d'opinion comme le nôtre, on puisse nous résister longtemps encore.

En Correctionnelle

Mais revenons à notre procès : La Compagnie d'Orléans n'est pas d'ordinaire coupable de tendresse. Chacun sait ça, et comme ses omnipotentes collègues, elle estime qu'un voyageur qui se contente des 3ᵉ classe pour voyager, prive son trésor d'un profit dont elle encaisserait la différence, si son client un peu plus *délicat*, un peu plus *comme il faut*(?) se payait le luxe, des secondes ou des premières. C'est cette excellente disposition d'âpreté au gain, qui nous valut le 13 juin 1890, les honneurs d'un procès-verbal, dressé par un agent galonné de la gare de Poitiers.

Le dit jour, nous nous présentions au guichet de la gare d'Angoulême, porteur d'un carnet d'excursion de 3ᵉ classe, pour prendre le train 38 qui ne reçoit des voyageurs en 3ᵉ classe que pour un parcours d'au moins 150 kilomètres, annonçant que nous descendrions à Poitiers distant seulement de 114 kilomètres.

Le Receveur nous fit observer qu'il ne pouvait nous autoriser à descendre à Poitiers, que moyennant un supplément de 2 fr. 85, avec lequel il nous serait loisible de prendre place dans un compartiment de deuxième classe, à l'égard de laquelle cette restriction n'existait pas. Sans nous inquiéter outre mesure de cette observation, nous fîmes enregistrer nos bagages pour Tours et nous prîmes place dans le train, non sans avoir inscrit sur le livre de plaintes notre intention formelle de nous arrêter à Poitiers.

Signalé à cette dernière gare, procès-verbal nous fut dressé et transmis au parquet de Poitiers.

Le Ministère public refusa de nous poursuivre, et c'est sur la propre requête de la Compagnie que nous fûmes cité en police correctionnelle.

L'avocat de la Compagnie soutenait : qu'étant parti de la gare d'Angoulême avec l'intention de descendre à Poitiers, n'ayant pas parcouru les 150 kilomètres réglementaires, il y avait contravention.

Nous n'eûmes pas de peine à expliquer au Tribunal que porteur d'un billet de troisième classe, ayant occupé une place de cette classe, la contravention ne pouvait être établie aux termes de l'article 63, visé dans la citation.

Etant en règle avec la loi tant que nous étions dans le train, nous ne pouvions tomber en contravention en descendant, même avant les 150 kilomètres exigés, car une Compagnie qui entendrait nous obliger de continuer un parcours que nous entendrions interrompre, commettrait une violation de la liberté individuelle ; que les voyageurs n'étaient pas encore réduits à circuler les menottes aux mains, escortés de deux gendarmes à chaque portière ; que du reste, cette somme de 2 fr. 85 n'avait dans l'espèce, aucune base d'application, qu'ayant effectué notre trajet en troisième classe, n'ayant pas par conséquent, usé ses précieuses banquettes de seconde, nous ne devions rien à la Compagnie.

M. le Procureur de la République fut de cet avis et qualifia la prétention de la Compagnie de *ridicule, absurde, insensée* et conclut à notre acquittement.

Le Tribunal a jugé en ce sens en nous renvoyant des fins de la plainte et condamnant la Compagnie d'Orléans aux dépens.

Nous croyions en avoir fini par cette première épreuve ; mais allez donc compter sur la résignation d'une Compagnie archi-millionnaire et autocrate par dessus le marché ? Quelle illusion ! le 20 février 1891 nous reçumes une nouvelle assignation, cette fois pour une visite à la Cour d'Appel.

Devant la Chambre des appels correctionnels

La Compagnie ne fut pas plus heureuse. Le jugement confirmé par un arrêt clair et précis la condamnait à de nouveaux dépens.

Est-ce bien fini ?

Hélas ? non !

En Cassation (Chambre Criminelle)

Il restait la Cour Supprême, derniers honneurs à rendre à un échappé de la Correctionnelle. Et c'est l'arrêt en Cassation qui fut rendu le 20 mai 1892, que nous reproduisons ci-dessous et qui établit d'une façon absolue, la jurisprudence des billets circulaires.

COUR DE CASSATION (Ch. crim.)

Audience du 20 mai 1892.

Chemins de fer. — Billet circulaire. — Express n'admettant que les voyageurs parcourant un minimum. — Voyageur descendant avant d'avoir effectué ce minimum. — Absence de contravention.

Le voyageur qui monte avec un billet circulaire de troisième classe dans un train express n'admettant les voyageurs de cette classe que pour un parcours supérieur à 150 kilomètres ne commet aucune contravention si, profitant de la faculté que lui donne son genre de billet de s'arrêter à toutes les gares, il descend à une station intermédiaire avant d'avoir parcouru ce minimum de 150 kilomètres.

La Cour,

Oui M. le Conseiller Paul Dupré en son rapport ; Mᵉ Georges Devin, avocat en la Cour, en ses observations si, et M. l'avocat général Baudoin en ses conclusions ;

Sur le moyen tiré de la violation des articles 21 de la loi du 15 juillet 1845, 63 et 79 de l'ordonnance royale du 15 novembre 1846 de l'arrêté ministériel sur la marche des trains, du 8 janvier 1890, et du tarif commun A, n° 36, homologué, en ce que, contrairement aux dispositions combinées dudit arrêté et dudit tarif auxquels il s'était soumis en se faisant délivrer un billet circulaire dont ce tarif réglait les conditions, le prévenu Roche a effectué dans le train express n° 38, en troisième classe un parcours inférieur au minmum exigé des voyageurs de cette classe pour prendre place dans ce même train.

Attendu qu'il resulte des constatations de l'arrêt attaqué que Roche, porteur d'un billet circulaire de troisième classe délivré à Chatillon-sur-Indre, s'est présenté le 13 juin 1890 à la gare d'Angoulême, au départ du train susdésigné, formé de voitures de toutes classes, avec ce billet encore valable d'Angoulême à

Châtillon par Poitiers et Tours, réclamant au vu dudit billet, l'enregistrement de son bagage pour Poitiers ;

Que, sur l'observation à lui faite que le train en partance ne recevait, en troisième classe, que les voyageurs à destination de 150 kilomètres, distance supérieure à celle qui sépare Poitiers d'Angoulême, Roche, se prévalant des indications de son billet circulaire encore libre jusqu'à destination, se fit délivrer un bulletin d'enregistrement pour Tours ; que, monté en troisième classe, dans le train en question, il descendit à Poitiers, sur, son refus de payer la différence qui lui était réclamée entre le prix de la troisième classe et celui de la seconde, soit 2 fr. 85 c. pour le parcours qu'il venait d'effectuer, il se vit dresser procès-verbal de contravention aux dispositions susvisées ;

Que, postérieurement, s'étant rendu à Tours sans faire usage de son billet circulaire et en renonçant au droit que ce billet lui donnait encore de Poitiers à Tours, il a dégagé dans cette dernière ville son bagage de la consigne pour suivre sa route jusqu'à destination.

Attendu que cité, pour ces faits, aux fins du procès-verbal susmentionné devant le tribunal de Poitiers et ultérieurement sur appel devant la Cour du même siège, Roche a été relaxé des suites de la prévention tant en première instance qu'en appel ;

Qu'il est soutenu par la Compagnie des chemins de fer d'Orléans, à l'appui de son pourvoi, que Roche a contrevenu aux dispositions légales et réglementaires ci-dessus énoncées ; mais que la Compagnie ne *justifie en rien l'existence de cette contravention*, soit au départ d'Angoulême, soit à l'arrivée de Poitiers ;

Attendu, en effet, qu'il ne saurait y a voir eu, de la part du demandeur, contravention, au départ d'Angoulême, que s'il s'était introduit dans le train contrairement aux droits que son billet lui conférait :

Que, loin qu'il en fût ainsi, Roche, aux termes même de ce billet, avait le *droit* de prendre place, à toute station du parcours, dans tous les trains ouverts aux voyageurs de troisième classe à plein tarif ;

Que si le train où il prit place n'était ouvert qu'à ceux de ces voyageurs ayant à effectuer un parcours de 150 kilomètres, Roche porteur d'un billet encore valable jusqu'au delà de Tours, distance d'Angoulême de 211 kilomètres, se trouvait précisément dans ces conditions mêmes ;

Attendu, d'autre part, qu'à l'arrivée à Poitiers, Roche a pu d'autant moins contrevenir aux dispositions invoquées, qu'en quittant le train à ce point du parcours, qu'une clause formelle de son tarif lui conférait le droit de s'arrêter à toutes les gares intermédiaires, à la seule condition de présenter son billet au visa, ce qu'il a fait sans l'obtenir ; *qu'au surplus* l'arrêt constate qu'il s'est transporté à ses frais de Poitiers à Tours, appliquant ainsi, à partir d'Angoulême, les droits que lui donnait son billet à un parcours de beaucoup supérieur aux 150 kilomètres réglementaires.

Attendu qu'il suit de là qu'à aucun moment Roche n'a contrevenu à aucune des prescriptions réglementaires auxquelles il était soumis et que la Cour de Poitiers, en le relaxant de la poursuite, n'a fait, à son égard, que la simple application de la loi ;

Par ces motifs,

Rejette le pourvoi de la Compagnie des chemins de fer d'Orléans contre l'arrêt de la Cour de Poitiers du 11 mars 1891, etc.

A ce procès, personnel, nous en faisons suivre un second plus récent, dont les considérants semblent indiquer, que les tribunaux ont compris que leur mission de justice, sauvegarde des intérêts de tous, étaient disposés à réagir, et à accueillir favorablement les réclamations justes, bien qu'elles ne fussent pas du goût des Compagnies.

Le cas est absolument nouveau et fort intéressant :

Tribunal Civil de Lyon

Les Compagnies de chemin de fer, ayant par leurs cahiers des charges, le monopole du transport sur la ligne livrée à leur exploitation contractent vis-à-vis du public, l'obligation sinons expresse, du moins tacite, de transporter les voyageurs dans les conditions d'hygiène, de sécurité et de confortable, conformes aux progrès réalisés.

Notamment, le public est en droit d'exiger, pour de longs parcours et pour les trains rapides, l'emploi de wagons conformes aux nouveaux modèles perfectionnés.

Et si, pendant un long parcours le voyageur a été incommodé par les inconvénients du wagon ancien modèle, mis à sa disposition, et si, pour les éviter, il a dû monter dans un wagon de classe supérieure, en payant un supplément de prix, à défaut d'autres wagons de la même classe c'est à bon droit qu'il réclame à la Compagnie une indemnité pour le préjudice qu'il a éprouvé.

La S... c. Compagnies d'Orléans et P.-L.-M.

LE TRIBUNAL.

Sur la demande principale et en ce qui concerne la Compagnie d'Orléans :

Attendu que, par son cahier des charges, la Compagnie d'Orléans qui a, de Gannat à Bordeaux, le monopole du transport de la ligne parcourue par le demandeur, a contracté, vis-à-vis du public, l'obligation, sinon expresse, au moins tacite, de transborter les voyageurs dans des conditions d'hygiène, de sécurité et de confortable conformes aux progrès réalisés ; qu'en effet, sous la surveillance du contrôle, la Compagnie, sans s'en tenir strictement aux conditions qui lui sont imposées par ledit cahier des charges, a constamment, et depuis 1846, transformé son matériel, réservant les vieux wagons pour les courts trajets, attribuant au contraire les derniers modèles aux longs parcours ; que, par suite de cet état de choses, le public est en droit de compter sur les wagons adaptés aux parcours qu'il a à effectuer ;

que cela est si vrai qu'aucune Compagnie n'oserait actuellement mettre à la disposition des personnes, voyageant par les trains rapides et pour de longs trajets, des wagons de modèle ancien, mais cependant strictement conformes aux prescriptions de leurs cahiers des charges ; que si l'une d'elles agissait ainsi, elle violerait évidemment, non la lettre peut-être, mais l'esprit d'un contrat qui a toujours été interprété, par un tacite accord, dans le sens du perfectionnement continu du matériel, mis à la disposition des voyageurs ; que telle est au moins la jurisprudence certaine du contrôle des chemins de fer ; que l'administration supérieure elle-même partage cette manière de voir, ainsi qu'il résulte de la lettre de M. l'ingénieur des mines, du 31 août 1891, et de celle de M. le ministre des travaux publics, du 22 décembre suivant, toutes deux adressées à La S... ;

Attendu, dans l'espèce, que le parcours que le demandeur avait à effectuer devait durer dix-huit heures, sans arrêt, avec une vitesse moyenne de 60 à 65 kilomètres à l'heure ; qu'il pouvait donc légitimement compter sur un wagon dernier modèle, étant données la longueur et la vitesse du trajet, eu égard à l'établissement de la voie ; que le wagon 2,851, dans lequel il est monté avec sa famille, loin d'être de ce type, était antérieur à 1878 et ne réalisait, ni par son installation, ni par son mode de construction, le confortable et la sécurité sur lesquels il était en droit de compter ;

Attendu qu'on ne peut lui objecter qu'il aurait pu en prendre un autre de même classe ; qu'en effet, c'était le seul wagon de seconde classe du train qui fît, sans transbordement, le trajet de Lyon à Bordeaux ;

Attendu que, pendant le trajet, la dame La S... a été tellement incommodée par le peu de confortable du wagon, qu'elle a été obligée de changer de voiture et de monter dans un compartiment de 1ʳᵉ classe, dont on a exigé le supplément de prix ;

Attendu que l'administration supérieure a reconnu le bien fondé de la réclamation de La S... en invitant la Compagnie d'Orléans à mettre en circulation, pour le train Lyon-Bordeaux, des voitures d'un modèle plus récent et par conséquent mieux adaptées à la longueur du trajet, à la vitesse du train et à l'établissement de la voie ;

Attendu que la Compagnie d'Orléans a obtempéré à cette invitation, ainsi qu'il a été affirmé par le demandeur, en substituant au wagon 2,851 un autre modèle plus récent ;

Attendu qu'il résulte de l'ensemble des considérations qui précèdent que, par son fait et sa faute, la Compagnie d'Orléans a causé à La S... un préjudice dont elle lui doit réparation ;

En ce qui concerne la Compagnie P.-L.M. :

Attendu que le wagon incriminé faisait partie d'un train formé à Lyon par ladite Compagnie ; qu'elle lui a prêté ses voies jusqu'à Gannat ; qu'elle n'a pas mis à la disposition des voyageurs une autre voiture de même classe dans laquelle ils pussent effectuer sans transbordement le trajet de Lyon à Bordeaux, le tout après entente avec la Compagnie d'Orléans ; qu'elle s'est donc rendue solidairement responsable du préjudice causé ;

En ce qui concerne les dommages-intérêts réclamés par la Compagnie d'Orléans ;

Attendu que la Compagnie n'a pas même essayé de justifier, dans ses conclusions ou à la barre, sa demande et surtout le chiffre élevé des réparations qu'elle réclame ; qu'elle s'en est tenue à cet égard à des allégations vagues et sans preuve; qu'elle a aggravé ses torts en contestant le principe de la demande après en avoir reconnu en fait et implicitement le bien fondé par le changement du wagon et surtout en élevant, sans motifs apparents autres que celui de rendre le jugement susceptible d'appel; le chiffre de sa demande et d'imposer ainsi à son adversaire des frais plus considérables ;

Attendu d'ailleurs que ladite demande, bien que supérieure au taux de la compétence du Tribunal en dernier ressort, ne saurait cependant, aux termes de l'article 2 de la loi du 11 avril 1838, le changer, parce que, reconventionnellement formée, elle est exclusivement fondée sur la demande principale elle même ;

Attendu que la Compagnie P.-L.M. n'a point formé de demande en dommages-intérêts ; qu'il y a lieu de lui en tenir compte dans la répartition de l'indemnité et des frais ;

Par ces motifs,

Rejetant la demande en dommages-intérêts reconventionnellement formée par la Compagnie d'Orléans :

Accueillant au contraire la demande principale de La S...

Condamne la Compagnie d'Orléans à 300 francs de dommages et intérêts envers La S... dont 50 francs à la charge de la Compagnie P.-L.M., frais et dépens.

———————————————

A la bonne heure ! voilà au moins un exemple à suivre, et si les Compagnies, se sentaient menacées de procès de ce genre, force leur serait de calmer leur audacieuse assurance.

Donc au mois de janvier notre petit recueil ; nous sommes assuré que chaque voyageur par esprit de solidarité et dans son propre intérêt, voudra nous prêter l'appui de son concours dans notre entreprise de revendications, en cherchant à mieux connaître l'étendue de ses droits et les moyens de les conserver.

Quant à nous, nous sommes absolument résolu à y travailler sans relâche, et à opposer la plus énergique des résistances aux prétentions arbitraires des Compagnies ou de ceux qui les servent.

Ne perdons jamais de vue qu'en payant notre place, le devoir des Compagnies est de nous servir avec égards, politesse et sans tour de faveur.

Elles qui pêchent cent fois par jour, ont beaucoup à se faire pardonner.

N'ayons point frayeur des Compagnies, et sachons que leur force réside surtout dans notre ignorance et notre timidité.

Défendons nous, et résistons à leurs exigeances jusqu'aux extrêmes limites tracées par notre droit, car nous avons en main tout ce qu'il faut pour l'obtenir.

A. ROCHE,

CHATILLON-SUR-INDRE, Octobre 1892.

Nous croyons être utile à nos jeunes collègues de leur indiquer, sans esprit de réclame les noms des établissements auxquels nous accordons notre préférence.

	Hôtels	**Cafés**
Agen	George	George
Aurillac	Commerce	Henry
Angers	Faisant	Grande Brasserie
Angoulême	Cheval Blanc	Plaisance
Aix (Provence)	Mule Noire	Leydet
Auch	France	Delon
Avignon	Louvres	Tailleux
Bordeaux	Américains	Montesqueux
Bayonne	Bilbaïna	Farnier
Brive	De Bordeaux	De Bordeaux
Béziers	Du Nord	Glacier
Bourges	Jacques-Cœur	De France
Carcassonne	Commerce	Delpont
Castres	Nord	Fournier
Cannes	Univers	Maison Dorée
Cognac	De France	Chalet
Grenoble	3 Dauphines	Voyageurs
Libourne	Europe	D'Orient
Limoges	De la Paix	De Paris
Marseille	De Paris	De France
Moulins	De l'Allier	De Paris
Montauban	Du Nord	De l'Europe
Montluçon	Du Grand Cerf	De la Poste
Mont de Marsan	Richelieu	

Nantès............	Colonies	Continental.......
Nimes	Manivet..........	Grand Gambrinus
Nice.............	Etrangers	Maison Dorée.....
Nevers..........	Commerce........	Grand Café.......
Niort	Etrangers	Continental.......
Poitiers..........	De France........	Méridien.........
Pau.............	Commerce........	Commerce........
La Rochelle.......	France..........	Colonies ....
Rochefort	De la Rochelle.....	Voyageurs ....
Sans-Remo (Italie).	Commerce........	Commerce........
Saint-Etienne (Loire)	Europe..........	Commerce........
Toulouse..........	De la Poste.......	De la Paix ....
Tarbes...........	Ambassadeurs.....	Divan...........
Tours...........	Commerce........	Commerce.......
Valence..........	Poste............	Grand Café.......
Vichy...........	Du Globe.........	Du Globe........